고난을 지날 때 먹어야 하는
말씀양식

고난을 지날 때 먹어야 하는
말씀양식

초판 | 1쇄 발행 2025년 10월 22일
ISBN | 979-11-993985-0-4 (03230)

지은이 | 한선미
디자인 | 김효선
펴낸곳 | 써니시 에디션
홈페이지 | www.sunnish.co.kr
SNS | instagram.com/sunnish_line

ⓒ고난을 지날 때 먹어야 하는 말씀양식, 2025

성경 본문 구절은 (재)대한성서공회의 저작권 허락을 받아 개역개정을 사용했습니다.

※ 이 책은 저작권법에 따라 보호를 받는 저작물이므로 무단 전재와 복제를 금합니다.
※ 잘못된 책은 구입처에서 바꾸어 드립니다.

고난을 지날 때 먹어야 하는

말씀양식

삶의 겨울,
나의 속생명은
말씀을 기다립니다

말씀양식 '고난' 편을 기획하면서...

　말씀이 양식이 되는 삶이 있다고 믿습니다. 이 책은 그 믿음을 돕기 위해 만들어졌습니다. 말씀으로부터 힘을 얻어 말씀을 살아내는 은혜가 있기를 기도합니다.

　하나님을 따르는 삶을 살다 보면 여러 가지 고난을 만나게 됩니다. 어떤 고난은 스스로 심은 씨앗으로 인해 맛보게 되는 쓴 열매이기도 하고, 또 어떤 고난은 하나님의 기적을 경험하게 되는 축복이기도 합니다. 그런데 때로는 해석하기 어려운 고난도 있습니다. 사랑하는 이의 갑작스러운 죽음, 예상치 못한 질병, 끔찍한 사고...

하나님을 열심히 따르며 은혜 안에 있다고 믿었는데, 해석하기 어려운 고난이 닥치면 큰 도전에 직면하게 됩니다. 제가 만난 도전은 하나님의 선하심에 대한 불신이었습니다.

이런 도전 가운데 다투고 씨름하며, 먹고 마셨던 말씀들을 모아 놓았습니다. 감사와 찬양이 회복되기까지 저에게 들려졌던 말씀이 나를 살린 양식이었다고 고백합니다. 다른 분들의 말씀양식 또한 함께 나눠 받기를 기대하며, 치열한 믿음의 싸움을 하고 계신 모든 분들을 응원합니다.

써니시 에디션
발행인 한선미

말씀양식 활용법

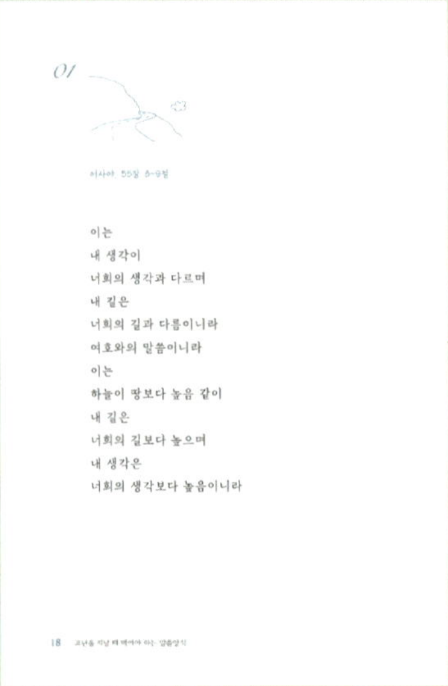

01.
잠잠히 말씀을
읊조리며
마음 깊이 묵상합니다.

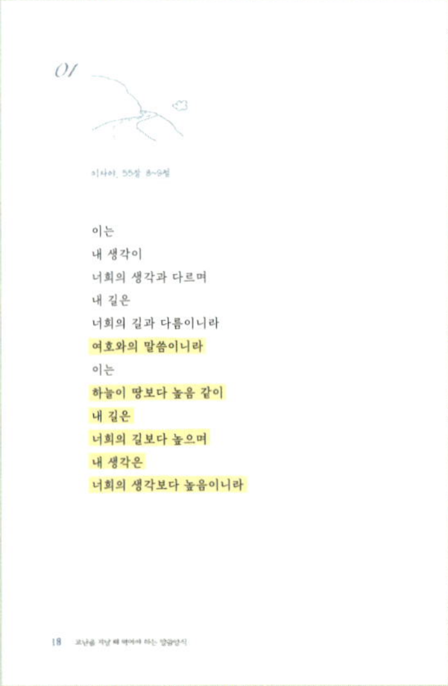

02.
특별히 마음에 와닿는
구절에 하이라이트를
표시해 보세요.

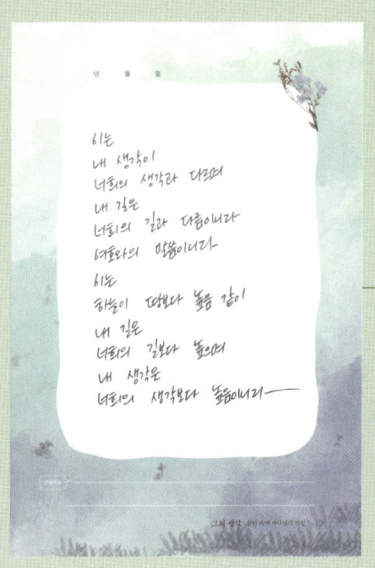

03.
이어지는 면에는 전체 말씀이나,
특별히 와닿는 말씀을
필사해 보세요.

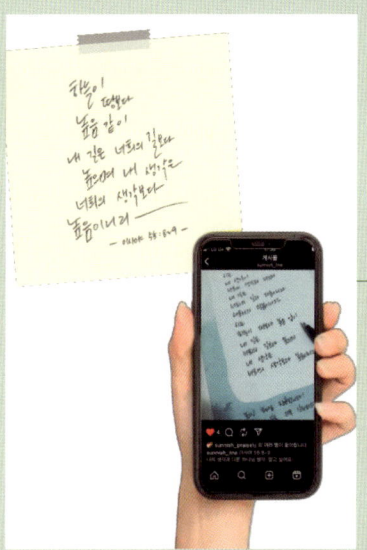

04.
필사한 말씀을
다양한 방법으로
곁에 두고 묵상합니다.

차례

프롤로그   나의 생각
- 시편, 51편 17절 ···12
- 예레미야애가, 3장 17~21절 ···14

1장   그의 생각
- 이사야, 55장 8~9절 ···18
- 예레미야애가, 3장 32~33절 ···20
- 시편, 34편 19~20절 ···22
- 로마서, 8장 28절 ···24

2장   나의 버티기
- 베드로전서, 2장 19~20절 ···28
- 베드로전서, 3장 17절 ···30
- 예레미야애가, 3장 24절 ···32
- 예레미야애가, 3장 25~26절 ···34
- 예레미야애가, 3장 27~28절 ···36
- 시편, 71편 14절 ···38
- 시편, 42편 5절 ···40

3장   그의 계획
- 히브리서, 5장 8~9절 ···44
- 베드로전서, 4장 12~13절 ···46
- 야고보서, 1장 2~3절 ···48

- 야고보서, 1장 4절 ⋯50
- 베드로후서, 3장 18절 ⋯52

4장　겸손과 은혜 사이
- 마가복음, 9장 23~24절 ⋯56
- 야고보서, 1장 5절 ⋯58
- 고린도전서, 10장 13절 ⋯60
- 빌립보서, 4장 12~13절 ⋯62
- 히브리서, 11장 6절 ⋯64
- 고린도후서, 1장 4절 ⋯66
- 고린도후서, 1장 5절 ⋯68

5장　그리스도 영광의 소망
- 고린도후서, 4장 17절 ⋯72
- 고린도후서, 4장 18절 ⋯74
- 시편, 119편 71~73절 ⋯76
- 베드로전서, 1장 7절 ⋯78
- 로마서, 5장 3~4절 ⋯80
- 야고보서, 5장 11절 ⋯82
- 고린도후서, 4장 16절 ⋯84
- 고린도후서, 1장 20절 ⋯86

에필로그　나의 고백
- 예레미야애가, 3장 19~23절 ⋯90

하나님, 너무하십니다!
왜 이런 일을 제게 허락하셨나요?
당신을 열심히 따르고 있다,
당신의 은혜 안에 있다
믿어 왔는데…
해석되지 않는 환난이 너무 괴롭습니다.
이해되지 않는 당신이 가장 괴롭습니다.
이런 마음으로는
예배조차 드리기 어려우니,
어찌해야 할지 모르겠습니다.

프롤로그

나의 생각

말씀과의 다툼,
불신과 낙심

시편, 51편 17절
예레미야애가, 3장 17~21절

00

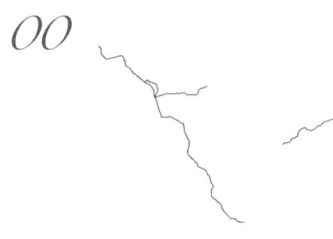

시편, 51편 17절

하나님께서 구하시는 제사는
상한 심령이라
하나님이여
상하고 통회하는 마음을
주께서 멸시하지
아니하시리이다

년   월   일

memo

나의 생각 : 말씀과의 다툼, 불신과 낙심

00

예레미야애가, 3장 17~21절

주께서 내 심령이 평강에서 멀리 떠나게 하시니 내가 복을 내어버렸음이여 스스로 이르기를 나의 힘과 여호와께 대한 내 소망이 끊어졌다 하였도다 내 고초와 재난 곧 쑥과 담즙을 기억하소서 내 마음이 그것을 기억하고 내가 낙심이 되오나 이것을 내가 내 마음에 담아 두었더니 그것이 오히려 나의 소망이 되었사옴은

...

고난을 지날 때 먹어야 하는
말씀양식

하나님,
당신을 끝까지 놓지 않기 원합니다.
그러나
나의 경험이 당신의 말씀과 싸웁니다.
나의 소망이 주께 꺾였습니다.
이 환난이
내가 심은 나의 죄 때문이라면,
깨닫고 회개할 수 있는 은혜를 주소서.
그게 아니라면,
당신의 뜻을 볼 수 있는 은혜를 주소서.

1
그의 생각

환난 속
하나님의 진심

이사야, 55장 8~9절
예레미야애가, 3장 32~33절
시편, 34편 19~20절
로마서, 8장 28절

01

이사야, 55장 8~9절

이는
내 생각이
너희의 생각과 다르며
내 길은
너희의 길과 다름이니라
여호와의 말씀이니라
이는
하늘이 땅보다 높음 같이
내 길은
너희의 길보다 높으며
내 생각은
너희의 생각보다 높음이니라

년   월   일

memo

02

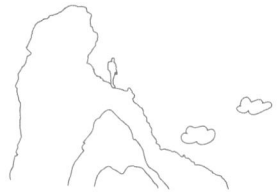

예레미야애가, 3장 32~33절

그가 비록
근심하게 하시나
그의 풍부한 인자하심에 따라
긍휼히 여기실 것임이라
주께서 인생으로
고생하게 하시며
근심하게 하심은
본심이 아니시로다

년   월   일

memo

그의 생각 : 환난 속 하나님의 진심

03

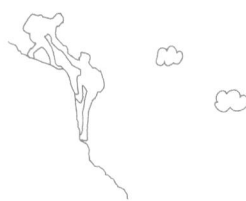

시편, 34편 19~20절

의인은
고난이 많으나
여호와께서
그의 모든 고난에서
건지시는도다
그의 모든 뼈를 보호하심이며
그중에서
하나도 꺾이지 아니하도다

년   월   일

memo

04

로마서, 8장 28절

우리가 알거니와
하나님을 사랑하는 자
곧 그의 뜻대로
부르심을 입은 자들에게는
모든 것이 합력하여
선을 이루느니라

년   월   일

memo

그의 생각 : 환난 속 하나님의 진심

하나님,
주님을 계속 따르기 원합니다.
제가 다 이해할 수 없을지라도
순종하기 원합니다.
흔들리지 않는 믿음을 보이고 싶어요.
그러나 이 골짜기를
어찌 견뎌야 하나요?
주께 소망을 두며 지금껏 왔는데
주께 낙심하게 되었으니
이 마음을 어찌해야 할지 모르겠습니다.

2
나의 버티기

주를
더욱더 바라기

베드로전서, 2장 19~20절
베드로전서, 3장 17절
예레미야애가, 3장 24절
예레미야애가, 3장 25~26절
예레미야애가, 3장 27~28절
시편, 71편 14절
시편, 42편 5절

05

베드로전서, 2장 19~20절

부당하게 고난을 받아도
하나님을 생각함으로
슬픔을 참으면
이는 아름다우나
죄가 있어 매를 맞고 참으면
무슨 칭찬이 있으리요
그러나 선을 행함으로
고난을 받고 참으면
이는 하나님 앞에
아름다우니라

년   월   일

memo

06

베드로전서, 3장 17절

선을 행함으로
고난 받는 것이
하나님의 뜻일진대
악을 행함으로
고난 받는 것보다
나으니라

년   월   일

memo

나의 버티기 : 주를 더욱더 바라기

07

예레미야애가, 3장 24절

내 심령에 이르기를
여호와는
나의 기업이시니
그러므로
내가 그를 바라리라
하도다

년   월   일

memo

08

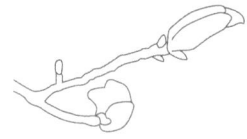

예레미야애가, 3장 25~26절

기다리는 자들에게나
구하는 영혼들에게
여호와는
선하시도다
사람이
여호와의 구원을 바라고
잠잠히 기다림이 좋도다

년   월   일

memo

예레미야애가, 3장 27~28절

사람은
젊었을 때에
멍에를 메는 것이 좋으니
혼자 앉아서
잠잠할 것은
주께서 그것을
그에게 메우셨음이라

년   월   일

memo

10

시편, 71편 14절

나는
항상
소망을 품고
주를
더욱더욱
찬송하리이다

년   월   일

memo

11

시편, 42편 5절

내 영혼아
네가 어찌하여 낙심하며
어찌하여 내 속에서
불안해 하는가
너는
하나님께 소망을 두라
그가 나타나
도우심으로 말미암아
내가 여전히
찬송하리로다

년   월   일

memo

하나님,
주님의 말씀에 순종하고 싶어요.
주님을 꽉 붙들고 싶어요.
그러나 전 이미 할 수 있는 건
모두 다 한 것 같습니다.
주님 뜻이라고 믿었던 일들에
최선을 다해 순종하려 했어요.
이제 무엇을 더 어떻게 해야 하나요?
너무나 혼란스럽고,
너무나 막막합니다.

3
그의 계획

인내 속
하나님의 명령

히브리서, 5장 8~9절
베드로전서, 4장 12~13절
야고보서, 1장 2~3절
야고보서, 1장 4절
베드로후서, 3장 18절

12

히브리서, 5장 8~9절

그가 아들이시면서도
받으신 고난으로
순종함을 배워서
온전하게 되셨은즉
자기에게 순종하는
모든 자에게
영원한 구원의
근원이 되시고

년   월   일

memo

13

베드로전서, 4장 12~13절

사랑하는 자들아
너희를 연단하려고 오는 불 시험을
이상한 일 당하는 것 같이
이상히 여기지 말고
오히려 너희가
그리스도의 고난에
참여하는 것으로
즐거워하라
이는
그의 영광을 나타내실 때에
너희로 즐거워하고
기뻐하게 하려 함이라

년   월   일

memo

그의 계획 : 인내 속 하나님의 명령

14

야고보서, 1장 2~3절

내 형제들아
너희가
여러 가지 시험을
당하거든
온전히 기쁘게 여기라
이는
너희 믿음의 시련이
인내를 만들어 내는 줄
너희가 앎이라

년   월   일

memo

15

야고보서, 1장 4절

인내를
온전히 이루라
이는
너희로
온전하고 구비하여
조금도 부족함이 없게
하려 함이라

년   월   일

memo

16

베드로후서, 3장 18절

오직
우리 주 곧
구주 예수 그리스도의 은혜와
그를 아는 지식에서
자라 가라
영광이
이제와 영원한 날까지
그에게 있을지어다

년   월   일

memo

하나님,
언제까지 인내해야 하나요?
도저히 끝이 보이지 않습니다.
항상 기뻐하고 주를 즐거워하라는
당신의 명령을
저는 지킬 능력이 없습니다.
제 의지는 부질없고,
제 믿음은 너무나 연약합니다.
이대로 하나님을 떠나게 될까 두렵습니다.
정말, 저를 어찌해야 좋을까요…?

4
겸손과
은혜 사이

믿음의 싸움

마가복음, 9장 23~24절
야고보서, 1장 5절
고린도전서, 10장 13절
빌립보서, 4장 12~13절
히브리서, 11장 6절
고린도후서, 1장 4절
고린도후서, 1장 5절

17

마가복음, 9장 23~24절

예수께서 이르시되
할 수 있거든이 무슨 말이냐
믿는 자에게는
능히 하지 못할 일이 없느니라
하시니
곧 그 아이의 아버지가
소리를 질러 이르되
내가 믿나이다
나의 믿음 없는 것을 도와주소서
하더라

년   월   일

memo

18

야고보서, 1장 5절

너희 중에 누구든지
지혜가 부족하거든
모든 사람에게
후히 주시고
꾸짖지 아니하시는
하나님께 구하라
그리하면 주시리라

년   월   일

memo

겸손과 은혜 사이 : 믿음의 싸움 59

19

고린도전서, 10장 13절

사람이
감당할 시험 밖에는
너희가 당한 것이 없나니
오직 하나님은 미쁘사
너희가 감당하지 못할
시험 당함을 허락하지 아니하시고
시험 당할 즈음에 또한
피할 길을 내사
너희로 능히 감당하게 하시느니라

년   월   일

memo

20

빌립보서, 4장 12~13절

나는
비천에 처할 줄도 알고
풍부에 처할 줄도 알아
모든 일 곧
배부름과 배고픔과 풍부와 궁핍에도
처할 줄 아는
일체의 비결을 배웠노라
내게
능력 주시는 자 안에서
내가 모든 것을
할 수 있느니라

년   월   일

memo

21

히브리서, 11장 6절

믿음이 없이는
하나님을 기쁘시게 하지 못하나니
하나님께 나아가는 자는
반드시
그가 계신 것과
또한
그가 자기를 찾는 자들에게
상 주시는 이심을
믿어야 할지니라

년   월   일

memo

22

고린도후서, 1장 4절

우리의 모든 환난 중에서
우리를 위로하사
우리로 하여금
하나님께 받는 위로로써
모든 환난 중에 있는 자들을
능히 위로하게
하시는 이시로다

년   월   일

memo

겸손과 은혜 사이 : 믿음의 싸움

23

고린도후서, 1장 5절

그리스도의 고난이
우리에게 넘친 것 같이
우리가 받는 위로도
그리스도로 말미암아
넘치는도다

년   월   일

memo

하나님,
저의 믿음 없는 것을 도와주세요.
환난 중에 넘치는 위로를 주세요.
무엇보다, 주님께 낙심한 이 마음에
소망을 다시 일으켜 주세요.
주님을 찾는 자에게 상 주시는 하나님,
그 영광이 얼마나 귀한지
더 깊이 알게 해 주세요!
당신이 주실 영광을
더 소망하게 해 주세요!

5
그리스도 영광의 소망

주님의 상급

고린도후서, 4장 17절
고린도후서, 4장 18절
시편, 119편 71~73절
베드로전서, 1장 7절
로마서, 5장 3~4절
야고보서, 5장 11절
고린도후서, 4장 16절
고린도후서, 1장 20절

24

고린도후서, 4장 17절

우리가 잠시 받는
환난의 경한 것이
지극히 크고 영원한
영광의 중한 것을
우리에게
이루게 함이니

____년 ____월 ____일

memo

25

고린도후서, 4장 18절

우리가 주목하는 것은
보이는 것이 아니요
보이지 않는 것이니
보이는 것은 잠깐이요
보이지 않는 것은
영원함이라

년   월   일

memo

그리스도 영광의 소망 : 주님의 상급

26

시편, 119편 71~73절

고난 당한 것이
내게 유익이라
이로 말미암아
내가 주의 율례들을
배우게 되었나이다
주의 입의 법이
내게는 천천 금은보다 좋으니이다
주의 손이
나를 만들고 세우셨사오니
내가 깨달아
주의 계명들을 배우게 하소서

년   월   일

memo

27

베드로전서, 1장 7절

너희 믿음의 확실함은
불로 연단하여도
없어질 금보다
더 귀하여
예수 그리스도께서
나타나실 때에
칭찬과 영광과 존귀를
얻게 할 것이니라

년   월   일

memo

28

로마서, 5장 3~4절

다만 이뿐 아니라
우리가 환난 중에도
즐거워하나니
이는
환난은 인내를,
인내는 연단을,
연단은 소망을
이루는 줄 앎이로다

년   월   일

memo

29

야고보서, 5장 11절

보라
인내하는 자를
우리가 복되다 하나니
너희가 욥의 인내를 들었고
주께서 주신 결말을
보았거니와
주는
가장 자비하시고
긍휼히 여기는 이시니라

년   월   일

memo

그리스도 영광의 소망 : 주님의 상급

30

고린도후서, 4장 16절

그러므로 우리가
낙심하지 아니하노니
우리의 겉사람은
낡아지나
우리의 속사람은
날로 새로워지도다

년   월   일

memo

그리스도 영광의 소망 : 주님의 상급

31

고린도후서, 1장 20절

하나님의 약속은
얼마든지 그리스도 안에서
예가 되니
그런즉
그로 말미암아
우리가 아멘 하여
하나님께 영광을
돌리게 되느니라

년   월   일

memo

그리스도 영광의 소망 : 주님의 상급 87

할렐루야!
주님은 나의 도움이시며,
나의 위로이시며, 나의 구원이십니다!
주님은 당신을 찾고 의지하는 자에게
그 영광스러운 얼굴을
보이는 분이십니다!
하나님, 저는 너무나 연약하고
저의 믿음은 보잘것없습니다.
이렇게 작은 나를 크신 하나님께서
포기하지 않으시고 영광으로 이끄시니,
저는 그저 온 맘 다해
당신을 찬양할 뿐입니다!

에필로그

나의 고백

말씀과의 화해,
소망과 찬양

예레미야애가, 3장 19~23절

32

예레미야애가, 3장 19~23절

...

내 고초와 재난 곧
쑥과 담즙을 기억하소서
내 마음이 그것을 기억하고
내가 낙심이 되오나
이것을 내가 내 마음에 담아 두었더니
그것이 오히려 나의 소망이 되었사옴은
여호와의 인자와 긍휼이 무궁하시므로
우리가 진멸되지 아니함이니이다
이것들이 아침마다 새로우니
주의 성실하심이 크시도소이다

년   월   일

memo

나의 고백 : 말씀과의 화해, 소망과 찬양   91

말씀으로 살아나기
말씀으로 살기
말씀을 살아내기